Innere Stärke:

Die Superkraft für Mädchen

Von Nina Nittinger
in Zusammenarbeit
mit Ariane Weber,
Naila & Nanine Saager

NEUER SPORTVERLAG

Inhalt

Los geht's 6

Ich bin Mona Mutig 7

Vertrag mit dir 9

Meine Geschichte 10

Umgang mit Fehlern und Problemen 12

Über dich 13

Deine Familie und Freunde 15

Was machst du gerne? 16

Dinge, die du ändern kannst, und Dinge, die du akzeptieren musst 17

Umgang mit beeinflussbaren und nicht beeinflussbaren Dingen 18

Checkliste 19

Gedanken 20

Positive und negative Selbstgespräche 22

Umgang mit Selbstgesprächen 23

Lieber Wolf, böser Wolf 24

Schatzkiste und Papierkorb 25

Umformulieren 26

STOPP 27

Zauber-Atem 28

Ampel 29

Gefühle 30

Welche Gefühle gibt es? 32

Wie geht es dir? 33

Deine Gefühlswerkzeuge 34

Freude 36

Umgang mit Freude 38
Wann hast du Freude? 39
Wie macht sich Freude bei dir bemerkbar? 40
Eine Schatzkiste voller Glücksgefühle 41
Glücksbrille 42
Kopfkino 43
Glücksbonbon 44
Happy End 45

Angst 46

Umgang mit Angst 48
Wann hast du Angst? 49
Wie macht sich Angst bei dir bemerkbar? 50
Fauchen wie ein Tiger 51
Schneemann 52
Smileys 53
Dein Mut-Stern 54
Duschen 55

Wut 56

Umgang mit Wut 58
Wann bist du wütend? 59
Wie macht sich Wut bei dir bemerkbar? 60
Wut-Ball 61
Energie tanken durch Wut 62
Schildkröte 63
Gummikörper 64
Mäuschen 65

Inhalt

Trauer 66

Umgang mit Trauer 68
Wann bist du traurig? 69
Wie macht sich Trauer bei dir bemerkbar? 70
Dein Lieblingsplatz 71
Hängematte 72
Deine Lieblingsbeschäftigung 73
Bootsfahrt 74
Luftballon 75

Neid und Eifersucht 76

Umgang mit Neid/Eifersucht 78
Wann bist du neidisch/eifersüchtig? 79
Wie machen sich Neid/Eifersucht bei dir bemerkbar? 80
Deine Stärken 81
Sonnenblume 82
Nasser Bär 83

Scham 84

Umgang mit Scham 86
Wann schämst du dich? 87
Wie macht sich Scham bei dir bemerkbar? 88
Superheldin 89
Spiegelbild 90
Deine Stärken-Hand 91

Zusammenfassung 92

Schlusswort 92
Dein Stärken-Portemonnaie 93
Impressum 151

Dein Arbeits- & Bastelbuch

Schneidevorlagen 94

Ab Seite 94 findest du alle Schneide- und Bastelvorlagen zu den Übungen im Buch. Am besten schneidest du als Erstes die ganze Seite an der gestrichelten Linie heraus. Danach kannst du die Vorlagen ganz einfach ausschneiden und bearbeiten.

Anleitung zu den Symbolen

Wenn du diese Symbole oben in der Kopfzeile im Buch siehst, dann solltest du das Folgende tun:

SCHNEIDEN – Wenn du dieses Symbol siehst, gibt es etwas zum Ausschneiden.

AUFHÄNGEN – Bei diesem Symbol kannst du das ausgeschnittene Bild mit Klebestreifen an der Wand oder an einer Pinnwand aufhängen.

MALEN – Hier kannst du deine Buntstifte zur Hand nehmen und etwas ausmalen.

BASTELN – Bei diesem Symbol gibt es etwas zum Basteln.

SCHREIBEN – Nimm einen Stift zur Hand und fülle die Seite aus.

VORSTELLEN – Wenn du dieses Symbol siehst, solltest du deine Augen schließen und versuchen, dir etwas im Kopf vorzustellen.

ÜBERLEGEN – Mache dir Gedanken über die im Text beschriebene Aufgabe.

Los geht's

Hallo,
ich bin Mona und ich werde dich auf dem Weg durch dieses Buch begleiten. Stell dir vor: Bis vor einer Weile war ich noch ein sehr ängstliches und schüchternes Mädchen, und ich habe mir überhaupt nichts zugetraut. Doch dann habe ich gelernt, wie ich meine Superkräfte wecken und innerlich stark sein kann. Seitdem bin ich Mona Mutig.

Möchtest du auch lernen, ein innerlich starkes Mädchen zu sein? Das finde ich toll. Mit diesem Buch hast du den ersten Schritt dazu getan. Und es gibt super Neuigkeiten! Alles, was du brauchst, um ein starkes Mädchen zu sein, steckt bereits in dir. Deine Aufgabe ist es, dieses starke Mädchen in dir zu finden, herauszuholen und weiter zu stärken.

Auf der nächsten Seite siehst du ein Bild von mir. Gehe, wie in der Beschreibung erklärt, zu Seite 97, schneide es aus und hänge es in deinem Zimmer an einen Ort, den du immer im Blick hast.

In jedem Kapitel gibt es eine oder mehrere Sprechblasen, mit denen ich dir wertvolle Tipps für deine innere Stärke gebe. Die kannst du ebenfalls ausschneiden und um meine Figur herum aufhängen. Jedes Mal, wenn dein Blick auf mich und die Sprechblasen fällt, kannst du diese laut vorlesen oder dir innerlich selbst vorsagen.

Schneide diese Mona auf Seite 97 aus, und hänge sie gut sichtbar in deinem Zimmer auf.

Ich bin Mona Mutig

So könnte es in deinem Zimmer aussehen, wenn du die Mona und die Sprechblasen aus diesem Buch aufgehängt hast.

Den Vertrag mit dir zum Ausschneiden findest du auf Seite 99. *Fülle den Vertrag aus, und hänge ihn an einer gut sichtbaren Stelle auf.*

Vertrag mit dir

Dies ist dein Buch. Du kannst selbst entscheiden, wann und wie oft du darin arbeiten möchtest. Am besten ist es aber, wenn du regelmäßig mit diesem Buch arbeitest. Du kannst auch darüber entscheiden, ob du es allein durcharbeiten möchtest oder ob du es mit einer Vertrauensperson zusammen machst.

Wie wäre es, wenn du eine kleine Abmachung mit dir selbst triffst? Setze dir ein Ziel, wann und wie oft du das Buch zur Hand nimmst.

Ich Mona Mutig

werde 3 x in der Woche

für 15 Minuten

zusammen mit meiner Mutter

oder alleine

in diesem Buch arbeiten.

Datum: 16. April

Unterschrift: Mona

Überlege einmal, wann dich das letzte Mal etwas wie eine Kanonenkugel umgehauen hat.

Meine Geschichte

Ich habe immer gedacht, dass ich perfekt sein muss und keine Fehler machen darf. Probleme, Rückschläge, negative Gedanken und Gefühle, wie Angst, Wut, Trauer, Neid, Eifersucht und Scham, haben mich wie Kanonenkugeln umgehauen.

Wie bist du bisher mit deinen Rückschlägen umgegangen? Was hast du von ihnen gelernt?

Aber dann habe ich gelernt, dass ich nicht perfekt sein muss, um ein starkes Mädchen zu sein. Denn niemand ist perfekt, und jeder Mensch hat seine Sorgen und Probleme.

Ich habe gelernt, mich von Rückschlägen, meinen Gefühlen und Gedanken nicht umwerfen zu lassen, sondern sie aufzufangen und eine Lösung für den richtigen Umgang mit ihnen zu suchen, damit ich sie wieder fliegen lassen kann. Dabei hilft es mir auch oft, mit einer von mir ernannten Vertrauensperson über alles zu spechen.

Gehe zu Seite 101, schneide die Sprechblasen dort aus und hänge sie gut sichtbar in deinem Zimmer neben deiner Mona auf.

Umgang mit Fehlern und Problemen

Fülle die Beschreibung über dich aus.
Dies sind deine äußeren Merkmale.

Über dich

Beschreibe hier, wer du bist:

Ich heiße ____________________

Ich bin __________ Jahre alt.

Ich wohne in ____________________

Am liebsten ____________________

Ich gehe in die _________ Klasse.

Ich bin ________ cm groß.

Ich habe ____________ Haare.

Ich habe ____________ Augen.

Klebe ein Bild von dir auf oder male dich.

Ich bin ich.

Zeichne oder klebe Bilder von deiner Familie und deinen Freunden in die freien Felder.

Deine Familie und Freunde

Klebe ein Bild auf oder male die Personen deiner Familie, die dir am nächsten stehen:

Namen: ____________________

____

____

____

____

____

____

lieben und unterstützen mich.

Klebe ein Bild auf oder male hier deine besten Freunde/Freundinnen:

Namen: ____________________

____

____

____

sind meine besten Freunde/Freundinnen, weil:

____

____

____

____

Beschreibe in diesem Bild, was du gerne machst!

Was machst du gerne?

Beachte, dass es unterschiedliche Bereiche gibt:

- **Sportarten, Instrumente oder andere Aktivitäten, die du regelmäßig betreibst.**
- **Fächer in der Schule oder andere Dinge, die du gerne hast.**
- **Freizeitbeschäftigungen, die du gerne machst.**

Ich mache gerne:

- ....
- ....
- ....
- ....
- ....
- ....
- ....
- ....
- ....

Es gibt diverse Dinge, die du ändern kannst. Überlege dir genau, welche Dinge du an dir verändern kannst. Womit würdest du anfangen?

Dinge, die du ändern kannst, und Dinge, die du akzeptieren musst

Du kannst nur die Dinge ändern, die sich in deinem Kopf und deinem Körper abspielen. Alle anderen Dinge musst du so akzeptieren, wie sie sind. Behalte dennoch immer eine positive Einstellung.

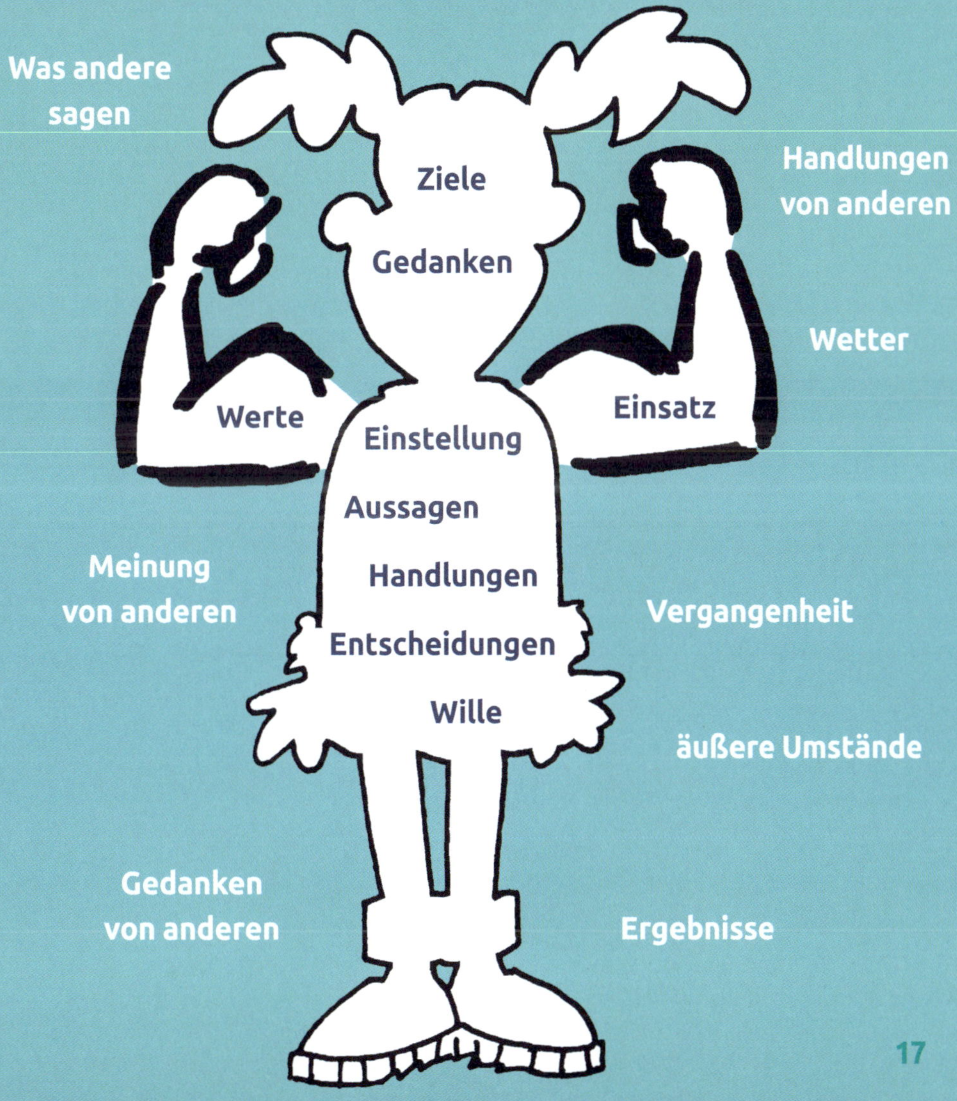

Gehe zu Seite 103, schneide die Sprechblase dort aus und hänge sie gut sichtbar in deinem Zimmer neben deiner Mona auf.

Umgang mit beeinflussbaren und nicht beeinflussbaren Dingen

Ich ändere die Dinge,
die ich beeinflussen kann.
Ich akzeptiere die Dinge,
die ich nicht ändern kann.

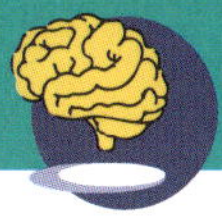 

Achte in den nächsten Tagen darauf, welchen Situationen du begegnest und wie du mit ihnen umgehst.

Checkliste

veränderbarer und nicht veränderbarer Situationen

Notiere in den nächsten sieben Tagen, wie du mit den Situationen umgegangen bist, die du ändern kannst, und wie du mit den Dingen umgegangen bist, die du nicht ändern kannst. Je nachdem, wie gut du mit der Situation umgegangen bist, kannst du die entsprechende Mona ankreuzen.

Tag	Veränderbare Situation Nicht veränderbare Situation	Nicht so gut	–	Sehr gut
1				
2				
3				
4				
5				
6				
7				

Gedanken

Welche Gedanken hast du?

Jeder Mensch hat jeden Tag tausende von Gedanken, auch du. Dazu gehören positive und negative Gedanken. Es ist dir sicher schon aufgefallen, dass du über manche Situationen negativ denkst oder mit dir selbst schlecht redest. Es ist ganz normal, negative Gedanken zu haben. Aber du solltest nicht zu viel Zeit mit negativen Gedanken verbringen, denn sie sorgen dafür, dass du dich schlecht fühlst, und sie haben einen direkten Einfluss auf deine Handlungen. Deshalb ist es wichtig, dass du deine negativen Gedanken erkennst und richtig mit ihnen umgehst.
Positiv denken bedeutet nicht, dass immer alles toll ist. Es bedeutet nur, dass du versuchen solltest, an jede Situation mit einer positiven Einstellung heranzugehen.

Als ich beispielsweise krank war, habe ich mich dabei erwischt, wie ich dachte: «Das kann doch nicht wahr sein. Jetzt fehle ich schon wieder in der Schule und muss alles nachholen. Auch beim Sport verpasse ich so viele Trainingseinheiten, da verliere ich sicher den Anschluss zu den anderen.» Ich habe bewusst «STOPP!» zu mir selbst gesagt und überlegt, was an der Situation positiv ist. Wenn ich krank bin, bedeutet es, dass mein Köper sich gegen die Krankheit wehrt und so stärker wird. Er lernt, gegen etwas zu kämpfen, und ich auch.

Was machst du, wenn negative Gedanken in dir aufsteigen?

Überlege, wie du im Kopf mit dir selbst redest. Schreibe alles auf, was dir einfällt, und versuche, die negativen in positive Gedanken umzuformulieren.

Positive und negative Selbstgespräche

Ich bin so doof!
Das schaffe ich nie!
Ich blöde Kuh!
Ich bekomme sowieso wieder eine schlechte Note!
Ich kann das nicht!

–

Ist es dir schon einmal passiert, dass du schlecht mit dir selbst redest oder dich dabei erwischst, wie du nur negativ denkst?

Es ist sehr wichtig, dass du mit dir selbst redest, als wärst du deine beste Freundin, und negativen Gedanken nicht zu viel Platz einräumst. **Ermutige dich, sporne dich an und gib dir wohlwollende Tipps.**

+

Ich kriege das hin!
Ich schaffe das!
Ich gebe mein Bestes!
Ich bin fleißig!

Gehe zu Seite 105, schneide die Sprechblasen dort aus und hänge sie gut sichtbar in deinem Zimmer neben deiner Mona auf.

Umgang mit Selbstgesprächen

Lieber Wolf, böser Wolf

Immer, wenn du etwas Negatives denkst, fütterst du den bösen Wolf, der in dir wohnt, sodass dieser stärker und stärker wird. **Es ist sehr wichtig, dass du so viel wie möglich positiv denkst, um den lieben Wolf zu füttern, damit er stärker wird als der böse Wolf.**

Womit fütterst du heute den lieben Wolf? Überlege dir ein paar positive Sätze, und versuche den ganzen Tag, damit deinen lieben Wolf stärker zu machen.

Du kannst dir natürlich auch dein Lieblingstier vorstellen.

Schatzkiste und Papierkorb

Stelle dir in Gedanken vor, dass du im Kopf eine Schatzkiste und einen Papierkorb hast. Immer wenn du etwas Positives denkst, dann füllst du deine Schatzkiste mit den wertvollsten Dingen, die es überhaupt gibt. Negative Gedanken kannst du zerknüllen und in den Papierkorb werfen. Den Inhalt des Papierkorbs kannst du wie beim Computer sofort löschen.

Lerne, negative Gedanken in positive umzuformulieren.

Umformulieren

Negative Gedanken ziehen dich herunter und sorgen dafür, dass du dich schlecht fühlst. Sie verhindern auch, dass du gute Leistungen in der Schule oder im Sport erbringen kannst. Es ist sehr wichtig, dass du deine negativen Gedanken schnell erkennst und etwas dagegen unternimmst. Denke daran, dass hinter jeder Regenwolke die Sonne wieder hervorkommt.

Schreibe hier auf, welche negativen Gedanken du heute hattest. Danach versuchst du, diese negativen Gedanken positiv umzuformulieren.

Benutze die STOPP-Methode, wenn du dich bei negativen Gedanken erwischst.

STOPP

Nachdem du das Umformulieren geübt hast, kannst du die STOPP-Methode anwenden.
Wenn du merkst, dass du negativ denkst, solltest du sofort «STOPP!» zu dir selbst sagen und danach in deinem Kopf den negativen Satz in einen positiven umformulieren.
Schneide dir das STOPP-Zeichen auf Seite 107 aus und stecke es in deine Hosentasche, dein Etui oder in deine Schultasche. Jedes Mal, wenn du etwas Negatives denkst, kannst du das Zeichen kurz herausholen und dich selbst stoppen.

Wenn die Übung gut funktioniert, kannst du dir das STOPP-Zeichen auch im Kopf vorstellen.

Zauber-Atem

Egal, ob du dich schlecht fühlst oder negative Gedanken hast – die Übung mit dem Zauber-Atem kannst du immer anwenden.

Stelle dir vor, dass du einen Zauber-Atem hast. Mit diesem Zauber-Atem kannst du deine schlechten Gefühle oder Gedanken einfach wegpusten. Schließe kurz deine Augen und atme langsam und tief ein und aus. Zähle bei jedem Einatmen eine Zahl weiter: «1, 2, 3, 4, 5, 6, ...»
Stelle dir jedes Mal beim Ausatmen vor, wie du mit deinem Zauber-Atem alles Negative wegpustest.

Bevor du etwas sagst oder tust, solltest du warten, bis deine Gedanken-Ampel auf Grün steht.

Ampel

Bastele dir eine Ampel mit einem roten, orangen und grünen Licht. Du findest die Ampel zum Ausschneiden auf Seite 109.

Die Ampel kannst du dir in die Hosentasche oder in dein Mäppchen von der Schule stecken. Jedes Mal, wenn du negativ denkst, kannst du diese Ampel herausholen und anschauen. Bei negativen Gedanken steht die Ampel auf Rot. In dem Moment, in dem du etwas gegen deine negativen Gedanken unternimmst, schaltet die Ampel auf Orange. Das bedeutet «Achtung». Erst, wenn du positiv denkst, schaltet die Ampel auf Grün. Versuche immer erst, mit anderen zu sprechen und zu handeln, wenn deine Ampel auf Grün umgeschaltet ist.

Gefühle

Welche Gefühle hast du?

Ich erlebe manchmal ein richtiges Gefühlschaos. Morgens bin ich müde und stinksauer, weil ich so früh aufstehen muss. Dann freue ich mich auf die Schule, und kaum bin ich dort, habe ich Angst, dass wir einen unangekündigten Test schreiben. Manchmal nerven die Jungs in der Schule total, die blöden Sprüche bringen mich innerhalb von Sekunden auf die Palme. Und wenn ich Streit mit meiner besten Freundin habe, dann bin ich sehr traurig. Wie sieht das bei dir aus? Kennst du auch einige dieser Gefühle?

Jeder Mensch hat jeden Tag unglaublich viele verschiedene Gefühle. Diese steigen in bestimmten Situationen in dir auf. Alle Gefühle sind normal und jeder Mensch hat sie, auch du. Manche Gefühle fühlen sich gut an und andere nicht so gut.

Auch starke Mädchen wie DU haben negative Gefühle und ärgern sich, sind traurig, eifersüchtig oder haben Angst. Und es ist in Ordnung, wenn du Gefühle hast und diese zeigst. Aber es ist leichter für dich, wenn du lernst, deine Gefühle zu erkennen, sie zu akzeptieren und wie du dann mit ihnen umgehen kannst.

Ich habe das geschafft und ich bin überzeugt, dass du das auch hinbekommst.

Es gibt viele Gefühle, und alle sind ganz normal.

Welche Gefühle gibt es?

Schaue dir die Bilder von den Gefühlen an, und schreibe zu jedem Bild, in welchen Situationen du dich das letzte Mal so gefühlt hast.

Freude:

Angst:

Wut:

Trauer:

Neid/Eifersucht:

Scham:

Überlege dir jeden Tag, wie du dich fühlst, und setze dir ein Ziel.

Wie geht es dir?

Schaue dir die folgende Tabelle an, und kreuze das Passende an.

	nie	selten	manch-mal	oft	sehr oft
Ich freue mich.					
Ich bin ängstlich.					
Ich bin wütend.					
Ich bin traurig.					
Ich bin neidisch/ eifersüchtig.					
Ich schäme mich.					

Anhand der Farben erkennst du, worauf du besondere Aufmerksamkeit legen solltest.

Hell: bedarf wenig Aufmerksamkeit.

Mittel: bedarf Aufmerksamkeit.

Dunkel: bedarf besonderer Aufmerksamkeit.

Gehe zu Seite 111, schneide die Seite aus und hänge sie gut sichtbar in deinem Zimmer auf.

Deine Gefühlswerkzeuge

Auf der nächsten Seite siehst du eine Übersicht über alle Gefühle und eine freie Spalte, in denen du deine Lieblingsübungen notieren kannst.

Schneide dir diese Seite aus und hänge sie sichtbar in deinem Zimmer auf. Du kannst sie auch griffbereit auf deinen Nachttisch oder Schreibtisch legen.

Im Verlaufe des Buches lernst du zu jedem Gefühl verschiedene Übungen kennen. **Notiere dir zu jedem Gefühl deine Lieblingsübung auf dem Blatt.**

Wenn du feststellst, dass ein starkes Gefühl in dir aufsteigt, kannst du dieses mit einer Büroklammer markieren und die entsprechende Übung dazu machen. Solltest du dir nicht mehr sicher sein, wie diese Übung geht, kannst du dir die Seitenzahl notieren und sie jederzeit nachschlagen.

Führe bei starken Gefühlen deine Lieblingsübung durch.

Gefühl	Meine Lieblingsübung
 Freude	Glücksbrille
 Angst	Fauchen wie ein Tiger
 Wut	Schildkröte
 Trauer	Hängematte
 Neid/Eifersucht	Sonnenblume
 Scham	Deine Stärken-Hand

Freude

Lachst du viel?

Das Gefühl, das dich glücklich macht, ist Freude.
Dein Ziel sollte es sein, so viel Freude wie möglich zu haben. Du darfst dich über jeden schönen Moment freuen, und du solltest möglichst viele Dinge tun, die dir Spaß machen. Das bedeutet aber nicht, dass du wichtige Dinge vernachlässigen darfst. Manchmal musst auch du Dinge machen, die du nicht so toll findest. Versuche, auch die unangenehmen Dinge mit Spaß und einer positiven Einstellung zu erledigen, dann werden sie dir viel leichter fallen.

Ich freue mich am meisten, wenn ich mit meinen Eltern und meinem Bruder etwas unternehmen kann. Wir gehen manchmal zelten. Es ist toll, mit der ganzen Familie Abenteuer zu erleben. Ich sauge dann jeden Moment in mich auf. Die Wanderung, bei der ich die Vögel und schönen Wiesen mit Blumen betrachte, den sternenklaren Himmel am Abend, das knisternde Lagerfeuer. Ich versuche, jeden glücklichen Moment in meinem Herzen zu speichern. Abwaschen beim Zelten finde ich jetzt nicht so toll, und es gibt jedes Mal Streit zwischen mir und meinem Bruder, wer abwaschen muss. Aber weißt du was? Auch das muss sein, denn sonst könnten wir ja nicht so toll zelten und abends am Lagerfeuer essen.

Was macht dich glücklich?

Gehe zu Seite 113 und 115, schneide die Sprechblasen dort aus und hänge sie gut sichtbar in deinem Zimmer neben deiner Mona auf.

Umgang mit Freude

Freude ist ein tolles Gefühl. Ich versuche, so viele Dinge wie möglich zu tun, die mir Spaß machen.

Ich erledige auch die Dinge mit einer positiven Einstellung, die mir nicht so viel Spaß machen.

Schließe deine Augen und überlege, was dir alles Spaß macht.

Wann hast du Freude?

Für dich ist es wichtig herauszufinden, was dir Freude macht und wann du glücklich bist.

Liste auf, was dir Freude macht und wann du glücklich bist.

Ich habe Freude, wenn ich …

☐ ______________________________

☐ ______________________________

☐ ______________________________

☐ ______________________________

☐ ______________________________

☐ ______________________________

☐ ______________________________

☐ ______________________________

☐ ______________________________

☐ ______________________________

☐ ______________________________

☐ ______________________________

☐ ______________________________

Zeichne in dem folgenden Bild ein, wie sich Freude bei dir bemerkbar macht.

Wie macht sich Freude bei dir bemerkbar?

Verbinde die zutreffenden Bläschen mit der Figur. Die Aussagen, die nicht zutreffen, kannst du durchstreichen. In die leeren Bläschen kannst du weitere Beispiele einfügen.

Bei Freude …

tanze ich

lache ich

möchte ich am liebsten die Welt umarmen

strahle ich

kann ich klar denken

bin ich total entspannt

habe ich viel Energie

bin ich motiviert

Bastele dir deine persönliche Schatzkiste, und notiere jeden Tag, was du gut gemacht hast.

Eine Schatzkiste voller Glücksgefühle

Lege dir eine Schatzkiste zu. Das kann eine Schachtel, ein Schuhkarton oder eine Streichholzschachtel sein, welche du bei Bedarf auch mitnehmen kannst. Wenn du möchtest, verziere deine Schatzkiste mit schönen Bildern. Immer wenn du etwas Tolles erlebst, etwas gut gemacht oder besonders glücklich warst, kannst du dies kurz auf einem Zettel notieren und in deine Schatzkiste stecken. Und wenn du einmal nicht glücklich bist, dann kannst du in deine Schatzkiste schauen und dir einen oder mehrere Zettel mit deinen tollen Erfolgserlebnissen durchlesen.

Glücksbrille

Nimm dir ein paar Minuten Zeit und gehe entweder durch dein Zuhause, schaue durch das Fenster oder geh nach draußen in den Garten. **Versuche, alles, was du siehst, durch die Glücksbrille anzuschauen.** Das, was du durch die Glücksbrille siehst, bezeichnest du mit sehr positiven Glückswörtern, also zum Beispiel als **besonders schön, supertoll, fantastisch.** Du siehst dann nicht nur Bäume, sondern fantastische Riesenbäume, die allerschönsten grünen Wiesen oder den tollsten Wolkenhimmel, den du je gesehen hast. Versuche dabei auch zu spüren, wie du dich fühlst, wenn du durch die Glücksbrille schaust. Du kannst die Glücksbrille immer anziehen, wenn du möchtest.

Schließe deine Augen und gehe ins Kopfkino.

Kopfkino

Kennst du die Geschichte von Mortimer im Glück? Mortimer ist ein kleiner Fuchs, der immer Pech hat. Aber er sieht jede Situation von der positiven Seite. Zum Beispiel stürzt sein Bau ein und er hat kein Zuhause mehr. Mortimer sieht dies als Glücksfall, denn nun kann er endlich durch die Welt ziehen, seine Verwandten besuchen und sich ein neues Zuhause suchen. Als er im Wald hinfällt und sich wehtut, hilft ihm ein kleines Dachsmädchen. Er sieht dies ebenfalls als Glückfall, denn ohne die Verletzung hätte er seine neue Begleiterin nie kennengelernt. Nun hat er eine Weggefährtin. Und so geht es bei Mortimers Reise immer weiter. Er stolpert von Glücksfall zu Glücksfall.

Versuche nun, in deinem Kopf einen Kinofilm über dich im Glück laufen zu lassen. Schließe deine Augen und stell dir vor, du sitzt im Kino. Dann lässt du den Vorhang aufgehen. Auf der Leinwand steht groß dein Name und darunter «im Glück». Überlege dir Situationen, in denen es für dich mal ungünstig gelaufen ist, und dann, was diese Situation Positives für dich bewirkt hat. Zum Beispiel: Zum Glück habe ich in Mathe letztes Mal eine schlechte Note geschrieben. Das hat mich aufgeweckt, und nun bin ich sehr fleißig.

Stelle dir vor, wie du ein Glücksbonbon in den Mund nimmst. Versuche zu spüren, was sich in deinem Körper ändert, wenn du das Glücksbonbon langsam in deinem Mund zergehen lässt.

Glücksbonbon

Für dich gibt es ab heute das Glücksbonbon. Du kannst es jeden Morgen in den Mund stecken und beschließen, den ganzen Tag glücklich zu sein. Egal, was dir passiert, du kannst dir immer sagen: «Ich bin trotzdem glücklich.»

Wenn du zum Beispiel den Bus verpasst, zu spät in die Schule kommst und Ärger von deinem Lehrer bekommst. Dann kannst du dir sagen: «O. K., ich bin zu spät, und mein Lehrer muss mich deswegen tadeln, aber ich bin trotzdem glücklich. Morgen beeile ich mich und erwische den früheren Bus.»

Stelle dir dein Ziel und das Happy End mit allen deinen Sinnen vor.

Happy End

Überlege dir ein Ziel, das du einmal erreichen möchtest.
Das kann etwas in der Schule, Freizeit oder im Sport sein.

Dann schließe deine Augen und stelle dir dieses Ziel mit allen Einzelheiten in deinem Kopf vor. Dabei solltest du alle deine Sinne aktivieren, sodass du das Erreichen deines Ziels vor deinem inneren Auge sehen, riechen, spüren, schmecken und hören kannst. Alles, was du dir lebhaft vorstellen kannst und woran du fest glaubst, das kannst du auch schaffen.

Angst

Hast du auch manchmal Angst?

Wenn du diese Frage mit ja beantwortest, dann kannst du jetzt sehr stolz auf dich sein. Es hat dich bestimmt viel Mut gekostet, dir das einzugestehen. Und damit hast du auch schon etwas sehr Wichtiges gelernt. Um Angst zu überwinden, musst du mutig sein. Jeder Mensch, der mutig ist, hatte vorher Angst. Und eines ist sicher, jeder hat mal Angst. Vergiss nicht: In manchen Situationen ist es sogar überlebenswichtig, Angst zu haben, z. B. bei Gefahr. Dann bewahrt dich die Angst davor, dass du dir wehtust oder etwas Schlimmeres passiert.

Ich habe jedes Mal Angst, wenn ich von meiner Lehrerin einen Test zurückbekomme und die Note nicht so toll ist. Dann frage ich mich, was meine Eltern wohl dazu sagen. Oder letzte Woche musste ich vor der ganzen Klasse einen Vortrag halten. Aber weißt du was? Ich habe es trotzdem gemacht und so getan, als ob in mir ein Tiger steckt. Am Ende war es gar nicht so schlimm, wie ich es mir vorgestellt hatte. Und ich fand mich danach echt mutig.

Was machst du, wenn du Angst hast?

Gehe zu Seite 117 und 119, schneide die Sprechblasen dort aus und hänge sie gut sichtbar in deinem Zimmer neben deiner Mona auf.

Umgang mit Angst

Angst ist ein ganz normales Gefühl. Ich darf Angst haben.

Wenn ich Angst vor etwas habe und es trotzdem probiere, dann bin ich sehr mutig.

Wann hast du Angst?

Kreuze die Situationen an, in denen du Angst bekommst.

Ich habe Angst …

- ☐ wenn ich etwas Neues ausprobiere.
- ☐ vor einer Prüfung.
- ☐ wenn ich eine schlechte Note mit nach Hause bringe.
- ☐ vor einem Wettkampf.
- ☐ bei einem Wettkampf.
- ☐ vor einem Auftritt.
- ☐ bei einem Auftritt.
- ☐ wenn ich alleine bin.
- ☐ wenn es dunkel ist.
- ☐ wenn ich mit Fremden reden muss.
- ☐ wenn ich vor anderen etwas vortragen muss.
- ☐ wenn ich in einer großen Menschenmenge bin.
- ☐ wenn ich in einem kleinen Raum bin.
- ☐ wenn ich mich streite.
- ☐ wenn mich jemand kritisiert.
- ☐ wenn mich jemand anschreit.
- ☐ wenn ich nicht weiß, was mich erwartet.

Ergänze eigene Beispiele:

- ☐ ____
- ☐ ____

Wie macht sich Angst bei dir bemerkbar?

Zeichne in dem folgenden Bild ein, wie sich die Angst bei dir bemerkbar macht. Verbinde die zutreffenden Bläschen mit der Figur. Die Aussagen, die nicht zutreffen, kannst du durchstreichen.

Bei Angst …

- fange ich an zu weinen
- bekomme ich keine Luft
- wird mein Atem schneller
- wird mir schwarz vor Augen
- kann ich nicht mehr klar denken
- rast mein Puls
- bekomme ich feuchte Hände
- fange ich an zu zittern
- rauscht es in meinem Kopf
- bekomme ich weiche Knie
- verkrampfe ich mich

Fauchen wie ein Tiger

Wenn du merkst, dass du Angst hast, kannst du dir vorstellen, dass in dir ein schlafender Tiger steckt. Die Angst weckt den Tiger in dir. Versuche nun, die Angst, die in dir steckt, herauszubrüllen. Strecke deine Arme und Krallen aus und stelle dir vor, dass du ein mutiger Tiger bist, der gegen alles kämpfen kann.

Wenn du genau weißt, warum du Angst hast, dann kannst du diese Situation mit deinem Tigergebrüll verscheuchen.

Wenn du Angst vor einer Person hast, dann kannst du sie in Gedanken in einen lustigen Schneemann verwandeln und schmelzen lassen.

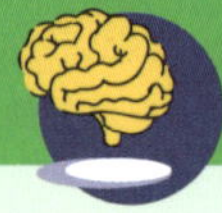

Schneemann

Wenn du merkst, dass du Angst vor bestimmten Personen, z. B. einem Lehrer, Trainer oder Zuschauern, hast, dann kannst du die Schneemann-Übung durchführen.

Stelle dir die Person, vor der du Angst hast, als Schneemann vor. Du kannst dem Schneemann eine rote Karotte ins Gesicht drücken, Mütze und Schal anziehen, die Augen und einen lachenden Mund mit Kastanien verzieren. Ein Schneemann ist zwar kalt, aber sehr sympathisch.
Und zudem ist er empfindlich.
In Gedanken kannst du ihn dann jederzeit schmelzen lassen.

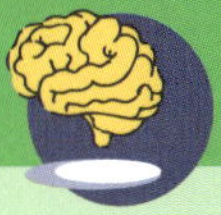

Bei Angst vor vielen Menschen, kannst du sie im Kopf in Smileys verwandeln.

Smileys

Hast du manchmal Angst vor vielen Menschen, wie z. B. Zuschauern, deinen Mitschülern oder anderen Menschenansammlungen? Das kann beim Sport vorkommen, bei einer Vorstellung oder wenn du in der Schule vor anderen Kindern etwas präsentieren musst. Dann kannst du dir die Zuschauer als lauter lachende Smileys vorstellen. Wie fühlst du dich, wenn dich alle Smileys aufmunternd anlachen? Du kannst die Smileys auch nach Belieben verändern und größer, kleiner oder bunt werden lassen. Du kannst sie so lange verändern, bis du beim Anblick deiner Zuschauer lächelst. **Denn sobald du lächelst, ist die Angst weniger bedrohlich.**

Gehe zu Seite 121 und schneide deinen Mut-Stern aus. Nutze den Mut-Stern, wenn du Angst hast.

Dein Mut-Stern

Schneide den Stern aus und schreibe oder male die schönsten Momente oder das, was du am liebsten hast, in diesen Stern. Da der Stern fünf Ecken hat, solltest du maximal die fünf Dinge malen, die dir am wichtigsten erscheinen und dir am meisten Mut machen. Hänge diesen Stern in deinem Zimmer auf oder stecke ihn in deine Schultasche. Immer wenn du Angst hast, kannst du den Stern herausholen und anschauen. Er macht dir Mut und zeigt dir, wie viele schöne Moment es gibt und dass auch du strahlen kannst wie ein Stern.

Wenn du Angst hast, kannst du sie mit der Dusche abspülen.

Duschen

Wenn du Angst hast und diese in deinem ganzen Körper spürst, kannst du unter die Dusche gehen.

Stelle dich dafür ganz gerade hin und schließe deine Augen. Jetzt streckst du eine Hand aus und machst die Dusche an. Dies ist eine besondere Dusche. Denn sie kann Gefühle wie Angst wegspülen. Stelle dir vor, dass die Dusche nun die ganze Angst außen und innen von deinem Körper abspült. Die Dusche ist angenehm warm, und je länger du duschst, um so leichter und freier fühlst du dich.

Wenn du denkst, dass du nun die ganze Angst abgeduscht hast, dann kannst du deinen Arm wieder ausstrecken und die Dusche abstellen.

Wut

Bist du manchmal wütend?

Es ist in Ordnung, manchmal wütend zu sein, denn es zeigt, dass du mit gewissen Verhaltensweisen von anderen oder mit dir selbst nicht zufrieden bist. Wichtig ist, dass du einen Weg zurück zur Gelassenheit findest.

Ich werde zum Beispiel verrückt, wenn mir mein Bruder wieder einmal meine Lieblingsschokolade geklaut hat. Oder beim Sport, da könnte ich jedes Mal schreien, wenn es nicht so läuft, wie ich mir das vorgenommen habe. Es ist sehr schwierig, mit kochender Wut umzugehen. Meistens hilft es mir, die Wut kurz rauszulassen, und danach kann ich mich wieder beruhigen und einen klaren Kopf bekommen. Beim Sport ist es am besten, wenn ich die Wut als zusätzliche Energie nutzen kann. Wenn ich das geschafft habe, dann bin ich sehr froh.

Was machst du, wenn du wütend bist?

Gehe zu Seite 123 und 125, schneide die Sprechblasen dort aus und hänge sie gut sichtbar in deinem Zimmer neben deiner Mona auf.

Umgang mit Wut

Wut ist ein ganz normales Gefühl. Ich darf wütend sein und kurz Dampf ablassen.

Ich überlege, was die Wut bei mir ausgelöst hat, und dann suche ich eine Lösung, um mich zu beruhigen.

Wann bist du wütend?

Kreuze die Situationen an, in denen du wütend bist.

Ich bin wütend, …

☐ wenn ich etwas falsch gemacht habe.
☐ wenn ich eine schlechte Note geschrieben habe.
☐ wenn ich beim Wettkampf schlecht abgeschnitten habe.
☐ wenn ich bei einem Auftritt etwas falsch gemacht habe.
☐ wenn ich mich mit jemandem gestritten habe.
☐ wenn sich niemand um mich kümmert.
☐ wenn ich früh ins Bett muss.
☐ wenn andere nicht nett zu mir sind.
☐ wenn jemand nicht meiner Meinung ist.
☐ wenn mich jemand kritisiert.
☐ wenn mich jemand anschreit.
☐ wenn ich nicht das bekomme, was ich haben möchte.
☐ wenn ich etwas nicht machen darf, was ich mir sehr wünsche.

Ergänze eigene Beispiele:

☐ ____________________

☐ ____________________

☐ ____________________

☐ ____________________

☐ ____________________

Wie macht sich Wut bei dir bemerkbar?

Zeichne in dem folgenden Bild ein, wie sich die Wut bei dir bemerkbar macht. Verbinde die zutreffenden Bläschen mit der Figur. Die Aussagen, die nicht zutreffen, kannst du durchstreichen.

Bei Wut …

kann ich nicht klar denken

schreie ich herum

rast mein Puls

behandle ich andere unfair

möchte ich mich am liebsten verstecken

rauscht es in meinem Kopf

mache ich etwas kaputt

sehe ich rot

fange ich an, um mich zu schlagen

verkrampfe ich mich

Bastele dir deinen Wut-Ball.
An ihm kannst du Dampf ablassen,
wenn du wütend bist.

Wut-Ball

Wenn du öfter so richtig wütend bist, dann kannst du dir einen Wut-Ball basteln und an ihm deine Wut abreagieren, indem du ihn drückst, haust, knetest oder wirfst.

Wut-Ball aus Reis

1. Schneide von zwei unaufgeblasenen Luftballons den Kopf ab.
2. Fülle eine handvoll Reis in den ersten abgeschnittenen Ballon.
3. Ziehe den zweiten Ballon andersherum darüber.
4. Wenn du möchtest, kannst du auf den Wut-Ball noch ein Gesicht malen.

Energie tanken durch Wut

Wenn du merkst, wie die Wut so richtig in dir aufsteigt, dann schließe die Augen und konzentriere dich einen Moment auf diese innere Energie. Die Wut durchfließt deinen ganzen Körper. Sie geht durch alle Muskeln bis nach oben in deinen Kopf. Stell dir vor, wie die Kraft deiner Muskulatur im ganzen Körper mit der Wut zunimmt. Auch dein Kopf wird mit der Wut immer stärker. Du hast mehr Kraft und mehr Willen als je zuvor.

Nun stelle dir vor, was du mit dieser Extraportion an Energie machen möchtest. Versuche, deine Extra-Energie für einen positiven Zweck (wie zum Beispiel für die Schule zu lernen oder beim Sport besonders schnell zu rennen) einzusetzen. Dein klarer Kopf wird dir dabei helfen, die richtigen Entscheidungen zu treffen.

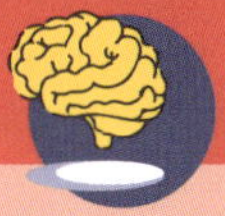

Wenn du wütend bist, bewege dich und denke wie eine Schildkröte.

Schildkröte

Wenn du so richtig wütend bist und du keinen klaren Gedanken mehr fassen kannst, dann ist es wichtig, dass du dich ein wenig beruhigst. Versuche, dich einmal wie eine Schildkröte zu bewegen und dabei auch ganz langsam zu atmen. Sprich innerlich ebenfalls ganz langsam mit dir selbst. Sage dir Sätze wie: «Ich bin ganz ruhig. Ich bewege mich so langsam wie eine Schildkröte.» Merkst du, wie sich deine Gedanken und dein Körper beruhigen? Vielleicht kannst du allmählich wieder klarer denken.

Überlege dir, warum du so wütend warst. Wie würde eine Schildkröte diese Situation lösen?

Gummikörper

Wenn du so richtig wütend bist, dann bist du wahrscheinlich sehr angespannt. Das Ziel ist, dass du wieder locker wirst und dich entspannst.

Schließe kurz deine Augen und atme so langsam, wie du kannst, ein und aus. Versuche, langsam durch die Nase einzuatmen, bis sich dein ganzer Bauch und Brustkorb aufgeblasen haben. Danach atmest du genauso langsam wieder aus. Beim Ausatmen stellst du dir vor, dass jede Anspannung aus deinen Muskeln mit ausgeatmet wird. Deine Arme, Beine und der Rest deines Körpers fühlen sich an wie aus Gummi, sie sind weich und beweglich.

Mäuschen

Wütend sein bedeutet auch manchmal, dass du unzufrieden mit dir selbst bist. Eine weitere gute Methode, um die Wut loszuwerden, ist, dass du dich entspannst und dich selbst zum Lachen bringst.

Atme so langsam, wie du kannst, ein und zähle dabei bis fünf, dann atme so langsam, wie du kannst, aus und zähle dabei weiter bis zehn. Stelle dir dabei die Zahlen bildlich vor.

Bist du bei zehn angekommen, sage etwas Positives und Lustiges, das dich zum Grinsen bringt. Du kannst beispielsweise «Mäuschen» sagen und dir dabei eine Maus vorstellen, die etwas Lustiges macht. Sobald du anfängst zu lachen, ist deine Wut wie verflogen.

Trauer

Bist du manchmal traurig?

Trauer ist ein ganz natürliches Gefühl, und es ist in Ordnung, wenn du traurig bist. Für Trauer gibt es sehr viele verschiedene Gründe. Es kann sein, dass du beispielsweise traurig bist, weil deine Freundin heute keine Zeit hat, du bei einem Wettkampf verloren hast oder weil du deine Großeltern vermisst. Auf den nächsten Seiten möchte ich dir zeigen, wie du mit kleinen Sorgen umgehen kannst.

Ich bin oft traurig. Das Gefühl, traurig zu sein, überkommt mich manchmal sehr schnell. Zum Beispiel, wenn mir meine Eltern etwas verbieten, was ich so gerne machen würde. Oder als wir letzte Woche im Klassenlager waren, habe ich meinen Lieblingspullover vergessen. Da war ich wirklich traurig, aber es ist ja zum Glück nur ein Pullover. Ich bin dann sofort zu meinem Koffer gegangen und habe einen anderen Pullover zu meinem neuen Lieblingspullover ernannt.

Was machst du, wenn du traurig bist?

Gehe zu Seite 127 und 129, schneide die Sprechblasen dort aus und hänge sie gut sichtbar in deinem Zimmer neben deiner Mona auf.

Umgang mit Trauer

Trauer ist ein ganz normales Gefühl. Ich darf traurig sein und weinen.

Wenn ich traurig bin, versuche ich, die Situation in eine glückliche Situation zu verwandeln.

Wann bist du traurig?

Kreuze die Situationen an, in denen du traurig bist.

Ich bin traurig, …

☐ wenn ich etwas falsch gemacht habe.
☐ wenn ich eine schlechte Note geschrieben habe.
☐ wenn ich beim Wettkampf schlecht abgeschnitten habe.
☐ wenn ich bei einem Auftritt etwas falsch gemacht habe.
☐ wenn ich mich mit jemandem gestritten habe.
☐ wenn ich alleine bin.
☐ wenn ich etwas verloren habe, was mir wichtig ist.
☐ wenn mich jemand kritisiert.
☐ wenn mich jemand anschreit.
☐ wenn ich ausgeschlossen werde.
☐ wenn ich übergangen werde.
☐ wenn ich mich von jemandem verabschieden muss.
☐ wenn ich etwas nicht machen darf, was ich mir sehr wünsche.

Ergänze eigene Beispiele:

☐ ______________________________

☐ ______________________________

☐ ______________________________

☐ ______________________________

☐ ______________________________

Wie macht sich Trauer bei dir bemerkbar?

Zeichne in dem folgenden Bild ein, wo und wie sich das traurige Gefühl bei dir bemerkbar macht. Verbinde die zutreffenden Bläschen mit der Figur. Die Aussagen, die nicht zutreffen, kannst du durchstreichen.

Bei Trauer …

- **zieht sich mein Magen zusammen**
- **habe ich wenig Energie**
- **kommen mir Tränen**
- **kann ich nicht mehr klar denken**
- **bekomme ich weiche Knie**
- **fühle ich mich hilflos**
- **rast mein Puls**
- **fühle ich mich schwach**
- **ist Chaos in meinem Kopf**
- **fühle ich mich machtlos**

Suche dir deinen Lieblingsplatz.

Dein Lieblingsplatz

Dein Lieblingsplatz ist ein Ort, an dem du total glücklich bist und dich entspannen kannst. Es kann diesen Platz in Wirklichkeit geben, oder du kannst dir in Gedanken deinen Lieblingsplatz aussuchen. An diesen Ort kannst du dich immer körperlich oder in Gedanken zurückziehen, wenn du traurig bist. Male oder beschreibe deinen Lieblingsplatz auf dieser Seite. Du kannst auch ein Bild aufkleben.

Hängematte

Falls du keinen Lieblingsplatz gefunden hast und du traurig bist, kannst du dich in deine Hängematte zurückziehen. Überlege dir, wo diese Hängematte hängen soll. Vielleicht am Strand zwischen zwei Palmen oder im Garten zwischen zwei Bäumen? Du kannst den Ort wählen, der dir am besten gefällt.

Lege oder setze dich ganz bequem hin und stelle dir vor, wie du in deiner Hängematte liegst und dich hin- und herschaukeln lässt. Die Sonne wärmt dein Gesicht und du atmest tief die klare Luft ein. Deine Arme liegen auf der Seite deines Körpers und schaukeln zusammen mit dir und der Hängematte hin und her. Du kannst spüren, wie deine Arme und Hände von der Sonne angenehm warm werden und sich ganz von alleine entspannen. Auch deine Beine entspannen sich immer mehr und werden leichter und leichter. Du spürst, wie die Hängematte dich trägt und sanft schaukelt und du ganz ruhig atmen und einfach lockerlassen kannst. Mit jedem Schaukeln und Atmen fühlst du dich besser und entspannter.

Bewege nun locker deine Arme und Beine, stelle dir den Ort vor, an dem du dich befindest, und öffne langsam die Augen. Schaue einen Punkt an, an dem du dich wieder im Hier und Jetzt orientieren kannst.

Deine Lieblingsbeschäftigung

Wenn du merkst, dass du traurig bist, denke an eine Beschäftigung, die du mit Glücklichsein verbindest. Diese kann etwas sein, wie «ich strahle Freude aus wie beim …» oder «ich bin so konzentriert und kraftvoll wie beim …», «ich habe so viel Spaß wie beim …». Versuche, dieses innere Bild von Glück auch mit den glücklichen Gefühlen zu verbinden, die du normalerweise bei dieser Aktivität hast. Benutze dieses Bild über einen gewissen Zeitraum hinweg und schaue, ob es hilfreich ist oder ob du lieber ein anderes nehmen möchtest.

Wenn du traurig bist, kannst du die Augen schließen und eine Bootsfahrt machen.

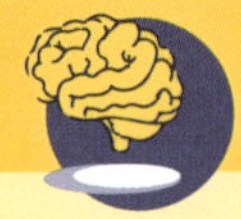

Bootsfahrt

Falls du keine Lieblingsaktivität gefunden hast, kannst du dir vorstellen, dass du eine Bootsfahrt machst.

Setze oder lege dich bequem hin, schließe deine Augen und atme durch die Nase ein und durch den Mund wieder aus. Stelle dir vor, dass du an einem kleinen See bist. Am Ufer des Sees liegt ein kleines Boot und du beschließt, eine kleine Fahrt mit dem Boot zu machen. Du steigst in das Boot und spürst, wie es unter dir anfängt zu wackeln. Dann stößt du dich vom Ufer ab und lässt dich auf dem See treiben. Du kannst das leise Plätschern des Wassers hören und dich so richtig entspannen. Es ist wunderschön auf dem See. Wenn noch Gedanken in deinem Kopf kreisen, so werden diese jetzt immer leiser und leiser. Du hörst nur noch das Plätschern des Wassers, das Boot schaukelt sanft hin und her und du wirst immer ruhiger und entspannter. Mit diesem guten Gefühl lässt du dich langsam wieder zum Ufer treiben. Strecke und bewege dich ein paarmal kurz, öffne deine Augen und komm langsam wieder zurück in den Raum, in dem du dich befindest.

Lass traurige Gedanken mit einem Ballon wegfliegen.

Luftballon

Kennst du den Grund für deine Traurigkeit? Dann kannst du ihn in Gedanken auf einen Luftballon schreiben oder malen. Dann pustest du diesen Luftballon so fest auf, dass der Grund für deine Traurigkeit auf einmal total lustig aussieht. Jetzt kannst du in Gedanken den Luftballon und deine Traurigkeit wegfliegen lassen.

Falls du einen echten Luftballon zur Hand hast, kannst du diese Übung auch wirklich durchführen und den Ballon, ohne ihn zuzuknoten, wegflitzen lassen.

Neid und Eifersucht

Bist du manchmal neidisch oder eifersüchtig auf andere?

Neid und Eifersucht sind sehr unangenehme Gefühle.
Neid tritt meistens auf, wenn du etwas gerne haben möchtest, was andere haben oder können. Aber genau wie bei allen Gefühlen ist es normal, dass du manchmal neidisch bist. Auch hier solltest du möglichst schnell erkennen, was Neid bei dir auslöst und was du dagegen tun kannst, denn du solltest dein Glück nicht von den Dingen abhängig machen, die andere haben oder können. Neid zeigt dir aber auch auf, was du gerne haben oder können würdest. Vielleicht kannst du dir diese Eigenschaften aneignen. Lasse dich vom Neid nicht zermürben, sondern motivieren. Eifersucht ist ein Gefühl, das auftritt, wenn du denkst, dass du nicht genug Aufmerksamkeit oder Liebe von einer anderen Person bekommst, oder jemand anders mehr Zuwendung bekommt als du.

Ich bin immer total eifersüchtig, wenn mein Bruder etwas darf, aber ich nicht. Das macht mich rasend. Aber mein Bruder ist nun mal zwei Jahre älter, und ich sage mir immer, in zwei Jahren darf ich das dann auch. Und ich muss zugeben, dass ich immer ein wenig neidisch auf die tollen Klamotten meiner Freundinnen bin. Aber teure Klamotten sagen noch lange nichts über den Charakter eines Menschen aus.

Was machst du, wenn du neidisch oder eifersüchtig bist?

Gehe zu Seite 131 und 133, schneide die Sprechblasen dort aus und hänge sie gut sichtbar in deinem Zimmer neben deiner Mona auf.

Umgang mit Neid/Eifersucht

Ich bin zufrieden mit dem, was ich habe. Ich bin stolz auf die Dinge, die ich gut kann.

Ich weiß, dass meine Familie und Freunde mich lieben und aufmerksam sind.

Weißt du, wann du meistens neidisch oder eifersüchtig bist?

Wann bist du neidisch/eifersüchtig?

Kreuze die Situationen an, in denen du neidisch/eifersüchtig bist.

Ich bin neidisch, wenn andere …

☐ mehr Süßigkeiten haben.
☐ schönere Spielsachen haben.
☐ eine bessere Note haben.
☐ eine Medaille gewinnen.
☐ mehr Aufmerksamkeit bekommen.
☐ mich ausschließen.
☐ mit meinem Freund/meiner Freundin spielen.
☐ meine Eltern etwas mit meiner Schwester/meinem Bruder unternehmen.
☐ etwas besser können als ich.
☐ cooler sind als ich.
☐ besser aussehen als ich.
☐ lustiger sind als ich.
☐ schlauer sind als ich.

Ergänze eigene Beispiele:

☐ ______________________________

☐ ______________________________

☐ ______________________________

☐ ______________________________

Wie machen sich Neid / Eifersucht bei dir bemerkbar?

Zeichne in dem folgenden Bild ein, wo sich Neid und Eifersucht bei dir bemerkbar machen. Verbinde die zutreffenden Bläschen mit der Figur. Die Aussagen, die nicht zutreffen, kannst du durchstreichen.

Bei Neid/Eifersucht …

sticht es in meinem Herzen

kann ich nicht mehr klar denken

bin ich wütend auf die andere Person

möchte ich am liebsten weinen

möchte ich das haben, was die anderen haben

möchte ich am liebsten wegrennen

fühle ich mich hilflos

halte ich mich für nutzlos

Schreibe alle deine Stärken auf, die dir einfallen.

Deine Stärken

Wenn du merkst, dass du auf andere oder etwas Bestimmtes neidisch oder eifersüchtig bist, dann ist es wichtig, dass du dich auf dich selbst und vor allem auf deine Stärken konzentrierst.

Nimm dir eine Stoppuhr und versuche, in fünf Minuten so viele Stärken aufzuschreiben, wie du kannst. Je mehr du findest, umso besser. Wähle danach deine fünf allergrößten Stärken aus und umkreise sie mit dem Stift. Immer wenn du merkst, dass der Neid in dir aufsteigt, zähle deine fünf Stärken auf.

Stelle dir in Gedanken vor, du bist eine Sonnenblume. Auch Sonnenblumen brauchen Regen, um zu wachsen.

Sonnenblume

Sobald du merkst, dass du auf etwas neidisch oder eifersüchtig bist, **kannst du dir vorstellen, dass du eine wunderschöne, große Sonnenblume bist.**

Egal, wo du gerade bist, stelle dich gerade und stabil hin, die Beine sind hüftbreit und die Füße stehen fest auf dem Boden. Atme durch die Nase ein und durch den Mund wieder aus. Du bist nun eine Sonnenblume, die auf einer wunderschönen Wiese blüht. Die Sonne scheint auf dich herunter, und du streckst deinen Kopf der Sonne entgegen. Stelle dir vor, wie du beim Einatmen die warmen Sonnenstrahlen einatmest und durch den Mund wieder ausatmest. Beim Einatmen schaust du nach oben zur Sonne, und beim Ausatmen neigst du etwas dein Köpfchen. Wiederhole dies drei- bis viermal.

Du bist wie die Sonnenblume. Bei Sonnenschein reckt sie ihren Kopf der Sonne entgegen. Aber auch eine Sonnenblume braucht Regen zum Wachsen. Und bei Sturm sorgt der biegsame Stiel dafür, dass sie nicht kaputtgeht.

Nasser Bär

Wenn du merkst, dass in dir Neid oder Eifersucht aufsteigen, dann kannst du dir vorstellen, dass du dich fühlst wie ein Bär, der gerade ins Wasser gefallen ist. Du bist jetzt ein patschnasser Bär. Sofort nachdem du wie der Bär ins Wasser gefallen bist, stehst du wieder auf und gehst auf allen vieren ans Ufer. Dort richtest du dich auf und stellst dich stabil hin. Stelle die Füße etwa hüftbreit auseinander und schüttele dich, so fest du kannst, sodass das ganze Wasser aus deinem Fell spritzt. Schüttele deine Arme und Beine, bis du alle negativen Gefühle, vor allem den Neid und die Eifersucht, von dir abgeschüttelt hast. **Dann kannst du dich aufrichten wie ein großer starker Bär.**

Scham

Schämst du dich manchmal?

Sich wegen etwas oder vor anderen zu schämen ist ein sehr blödes Gefühl. Meistens tritt es auf, wenn du etwas gemacht hast, was dir unangenehm ist. Das kann ein Missgeschick sein oder etwas, das du noch nicht so gut kannst, wie du es gerne möchtest. Es kann aber auch sein, dass du dich schämst, weil dir etwas an dir selbst nicht gefällt. Schämen bedeutet also meistens, dass du unzufrieden mit dir selbst bist, und zwar mit deinem Aussehen oder mit einer Handlung.

Ich schäme mich oft, wenn ich etwas falsch gemacht habe. Zum Beispiel, wenn ich in der Schule an der Tafel eine Aufgabe lösen soll und sie falsch ist. Oje, dann werde ich ganz rot und bekomme kein Wort mehr heraus. Es ist mir auch unangenehm, mich vor anderen in der Umkleidekabine umzuziehen. Meistens verstecke ich mich hinter einem Handtuch. Ich weiß einfach nicht, was andere über mein Aussehen denken, und ich möchte nicht, dass sie anfangen, über mich zu reden. Zum Glück habe ich gelernt, dass niemand perfekt ist. Zu Hause im Badezimmer habe ich mich lange im Spiegel betrachtet. Und weißt du was? Ich bin ich und ich bin zufrieden mit mir, so wie ich bin.

Was machst du, wenn du dich schämst?

Gehe zu Seite 135, schneide die Sprechblase dort aus und hänge sie gut sichtbar in deinem Zimmer neben deiner Mona auf.

Umgang mit Scham

Weißt du, in welchen Situationen du dich schämst?

Wann schämst du dich?

Kreuze die Situationen an, die dir peinlich sind oder in denen du dich schämst.

Ich schäme mich/es ist mir peinlich, wenn …

☐ andere eine bessere Note haben.
☐ andere im Sport besser sind.
☐ ich vor anderen etwas vortragen muss.
☐ ich mich vor anderen umziehen muss.
☐ ich die Letzte bin.
☐ ich verliere.
☐ ich langsamer als andere bin.
☐ ich etwas falsch mache.
☐ andere besser aussehen als ich.
☐ andere lustiger sind als ich.
☐ andere schlauer sind als ich.
☐ ich vor anderen zurechtgewiesen werde.

Ergänze eigene Beispiele:

☐ ______________________________

☐ ______________________________

☐ ______________________________

☐ ______________________________

☐ ______________________________

Wie macht sich Scham bei dir bemerkbar?

Zeichne in dem folgenden Bild ein, wie sich Scham bei dir bemerkbar macht. Verbinde die zutreffenden Bläschen mit der Figur. Die Aussagen, die nicht zutreffen, kannst du durchstreichen.

Bei Scham …

- kann ich nicht mehr reden
- fange ich an zu lachen
- werde ich ganz rot
- werde ich sehr nervös
- möchte ich am liebsten wegrennen
- möchte ich mich am liebsten verstecken
- werde ich wütend
- ziehe ich mich zurück

Bewältige schwierige Situationen als Superheldin. *Die Malvorlage zum Ausschneiden gibt es auf Seite 137.*

Superheldin

Stelle dir vor, du wärst eine Superheldin in einem Kinofilm. Welche Superkräfte würdest du gerne haben? Und welche Abenteuer würdest du in dem Film bestehen? Der Kinofilm ist natürlich eine Metapher für dein Leben, denn auch das besteht jeden Tag aus Abenteuern und kleinen oder großen Herausforderungen. Und mit den Superkräften, die in dir stecken, kannst du all diese Herausforderungen bestehen.

Hier siehst du den Umriss von Mona. Beschrifte das Bild mit den Superkräften, die du gerne hättest, und male das Bild aus.

Wenn du das nächste Mal in einer schwierigen Situation bist, dann stelle dir vor, wie du als Superheldin diese Situation bewältigst.

Gib deinem Spiegelbild ehrliche Komplimente.

Spiegelbild

Du bist so, wie du bist. Stelle dich ab heute jeden Tag mindestens einmal ganz vor den Spiegel. Dabei kannst du so tun, als ob du dich noch nie im Spiegel gesehen hättest. Betrachte dich von oben bis unten, von vorne, der Seite und hinten. Und jedes Mal, wenn du ein Körperteil betrachtest, mache dir ein Kompliment. Rede mit dir wie mit deiner allerbesten Freundin. Das kann etwas sein, wie: «Wow, du hast supertolle blaue Augen» oder «du hast wunderschöne, volle Haare». Am Schluss kannst du noch ein paar Faxen vor dem Spiegel machen und versuchen, dich selbst zum Lachen zu bringen.

Denke immer an deine fünf Stärken, wenn du deine Hand betrachtest. *Auf Seite 139 findest du die Vorlage.*

Deine Stärken-Hand

Lege deine Hand mit leicht geöffneten Fingern in den Rahmen und umrunde sie mit einem Stift. Dann schreibst du in jeden Finger eine Stärke von dir oder Dinge, auf die du stolz bist. Du kannst das Blatt mit den Stärken in deinem Zimmer aufhängen, in deinen Schulranzen oder deine Sporttasche stecken.

Auch wenn du deine Stärken-Hand nicht dabei hast, solltest du jedes Mal an deine Stärken denken, wenn du deine Hand betrachtest.

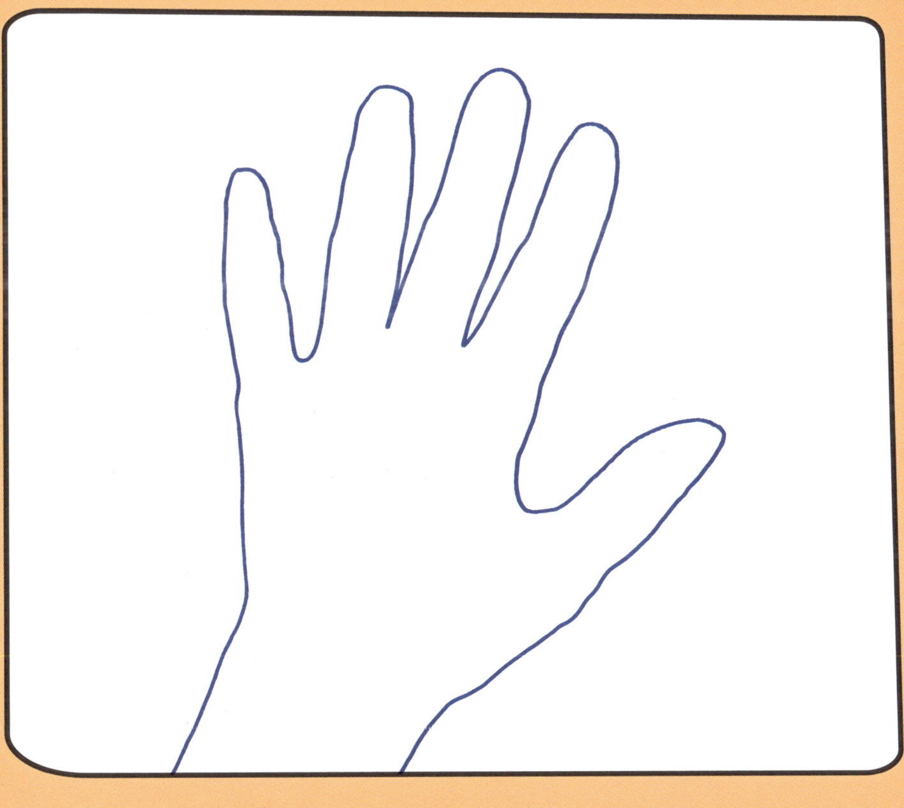

Lies täglich die Sprechblasen in deinem Zimmer laut vor.

Schlusswort

Herzlichen Glückwunsch. Du warst in der letzten Zeit sehr fleißig und hast die für dich wichtigen Seiten oder sogar das ganze Buch durchgearbeitet. Hoffentlich haben dir die Texte und Übungen geholfen, deine Gefühle und Gedanken zu erkennen und besser mit ihnen umzugehen. Du solltest auch weiterhin die Übungen im Kopf behalten und sie dann anwenden, wenn du sie brauchst. Innere Stärke ist ein Prozess, an dem du immer arbeiten kannst.

Deshalb habe ich noch eine tolle, letzte Bastelübung für dich vorbereitet: das Stärken-Portemonnaie. In dieses Portemonnaie kannst du alle deine Lieblingsübungen und Lieblingssprechblasen hineinstecken und mitnehmen.

Gehe zu Seite 141 bis 149, dort findest du die Bastelanleitung für das Stärken-Portemonnaie und die Karten zum Ausschneiden.

Dein Stärken-Portemonnaie

Zum Abschluss kannst du dir noch dein eigenes Stärken-Portemonnaie basteln.
Im Anhang findest du die Bastelanleitung, alle Übungen und Sprechblasen abgekürzt auf kleinen Karten. Du kannst diese in dein Stärken-Portemonnaie stecken und sie immer dann herausholen, wenn du sie brauchst, zum Beispiel in der Schule, beim Sport oder in deiner Freizeit.

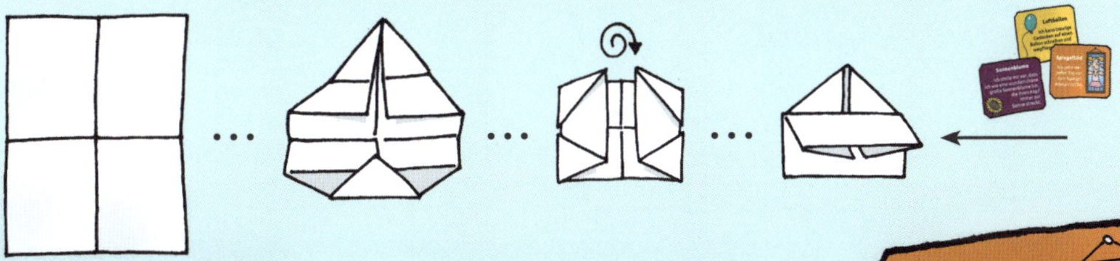

Schneide-
vorlagen

Jetzt bist DU dran!

Auf den folgenden Seiten findest du alle Schneide- und Bastelvorlagen zu den Übungen im Buch.
Am besten schneidest du als Erstes die ganze Seite an der gestrichelten Linie heraus. Danach kannst du die Vorlagen einfacher ausschneiden.

Suche dir einen schönen Platz an der Wand in deinem Zimmer, den du immer im Blick hast. Vielleicht hast du sogar eine Pinnwand oder Magnettafel, an der du die Bilder aufhängen kannst. Bald wird es dort richtig toll aussehen.

Ich wünsche dir viel Spaß beim Ausschneiden und Basteln.

Deine Mona

Diese Schneidevorlage gehört zur Inhaltsseite 7.

Diese Schneidevorlage gehört zur Inhaltsseite 9.

Vertrag mit dir

Ich ______________________________

werde ______ x in der Woche

für __________ Minuten

zusammen mit ______________________

oder alleine

in diesem Buch arbeiten.

Datum: _________________

Unterschrift: ______________

Diese Schneidevorlage gehört zur Inhaltsseite 12.

Ich bin ich.

Ich darf Fehler machen.

Ich suche für Probleme eine Lösung.

Diese Schneidevorlage gehört zur Inhaltsseite 18.

Ich ändere die Dinge,
die ich beeinflussen kann.
Ich akzeptiere die Dinge,
die ich nicht ändern kann.

Diese Schneidevorlage gehört zur Inhaltsseite 23.

Ich bin meine beste Freundin.

Ich denke und rede positiv mit mir selbst.

Diese Schneidevorlage gehört zur Inhaltsseite 27.

STOPP

Diese Schneidevorlage gehört zur Inhaltsseite 29.

Ampel

Diese Schneidevorlage gehört zur Inhaltsseite 34.

Meine Gefühlswerkzeuge

Gefühl	Meine Lieblingsübung
 Freude	
 Angst	
 Wut	
 Trauer	
 Neid/ Eifersucht	
 Scham	

Diese Schneidevorlage gehört zur Inhaltsseite 38.

**Freude ist ein tolles Gefühl.
Ich versuche, so viele Dinge
wie möglich zu tun,
die mir Spaß machen.**

Diese Schneidevorlage gehört zur Inhaltsseite 38.

Ich erledige auch die Dinge mit einer positiven Einstellung, die mir nicht so viel Spaß machen.

Diese Schneidevorlage gehört zur Inhaltsseite 48.

Angst ist ein ganz normales Gefühl. Ich darf Angst haben.

Diese Schneidevorlage gehört zur Inhaltsseite 48.

**Wenn ich Angst vor etwas habe
und es trotzdem probiere,
dann bin ich sehr mutig.**

Diese Schneidevorlage gehört zur Inhaltsseite 54.

Dein Mut-Stern

Diese Schneidevorlage gehört zur Inhaltsseite 58.

Wut ist ein ganz normales Gefühl. Ich darf wütend sein und kurz Dampf ablassen.

Diese Schneidevorlage gehört zur Inhaltsseite 58.

**Ich überlege, was die Wut
bei mir ausgelöst hat,
und dann suche ich eine Lösung,
um mich zu beruhigen.**

Diese Schneidevorlage gehört zur Inhaltsseite 68.

Trauer ist ein ganz normales Gefühl. Ich darf traurig sein und weinen.

**Wenn ich traurig bin,
versuche ich, die Situation
in eine glückliche Situation
zu verwandeln.**

Diese Schneidevorlage gehört zur Inhaltsseite 78.

Ich bin zufrieden mit dem, was ich habe. Ich bin stolz auf die Dinge, die ich gut kann.

Diese Schneidevorlage gehört zur Inhaltsseite 78.

**Ich weiß, dass
meine Familie und Freunde
mich lieben und
aufmerksam sind.**

Diese Schneidevorlage gehört zur Inhaltsseite 86.

Ich weiß, wie ich aussehe
und was ich kann.
Ich bin gut so, wie ich bin.

Diese Schneidevorlage gehört zur Inhaltsseite 89.

Superheldin

Diese Schneidevorlage gehört zur Inhaltsseite 91.

Dein Stärken-Portemonnaie

1.

Nimm ein DinA4 Blatt und falte es zu einem Kreuz.

2.

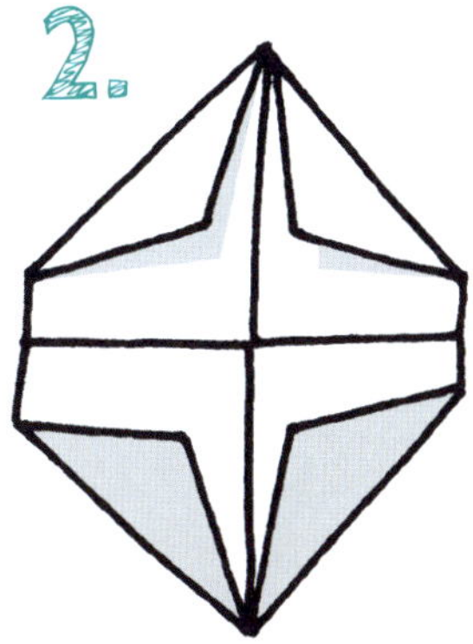

Falte nun die oberen und unteren Ecken zur Mittellinie.

3.

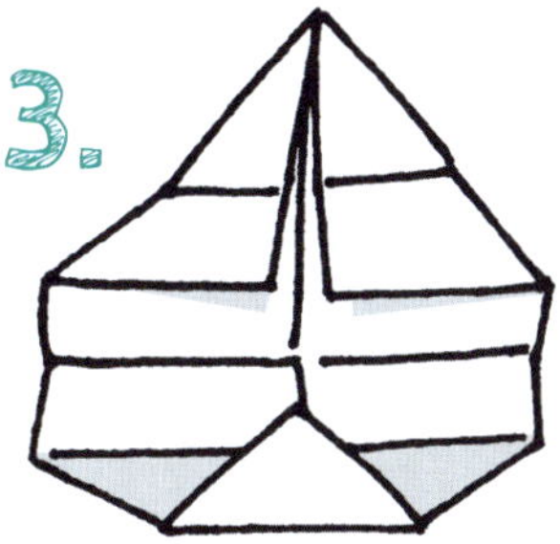

Falte beide Spitzen bis zum Rand.

4.

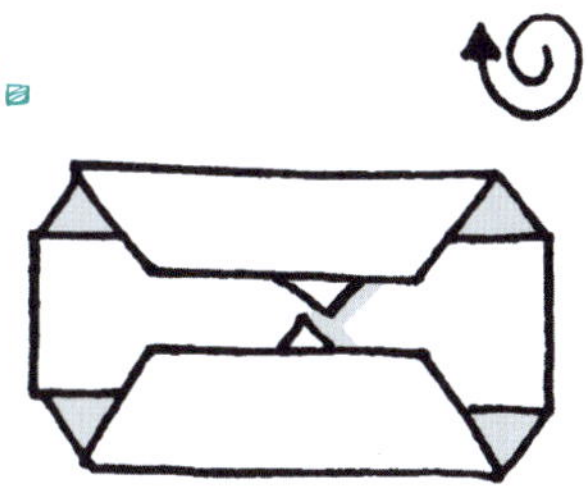

Nimm nun die untere und obere Seite und falte sie bis zur Mitte.

5.

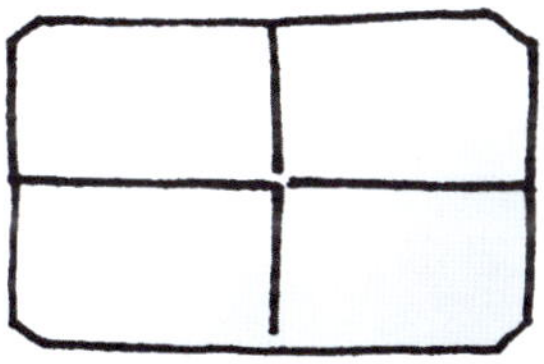

Drehe das Portemonnaie um, sodass du die Rückseite siehst.

6.

Nimm wieder die untere und obere Seite und falte sie zur Mitte. Dann die Arbeit wieder umdrehen.

7.

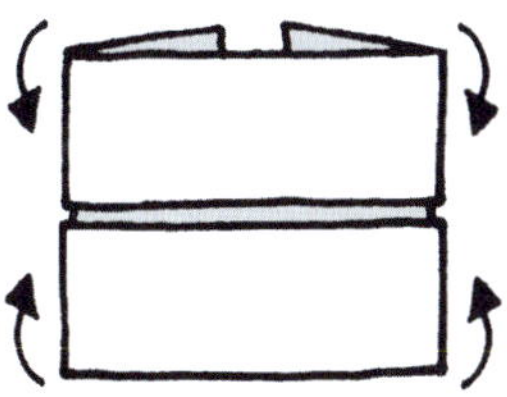

Klappe es zusammen, sodass die glatte Fläche außen ist. Du siehst nun zwei Taschen.

8.

Ziehe aus einer der beiden Taschen die Spitze heraus. Sie ist der Verschluss für dein Portemonnaie.

Falls du dieses Portemonnaie nicht basteln möchtest, kannst du ganz einfach auch ein kleines Schächtelchen zur Aufbewahrung der Karten verwenden.

Diese Schneidevorlage gehört zur Inhaltsseite 93.

Ich überlege, was die Wut bei mir ausgelöst hat, und dann suche ich eine Lösung, um mich zu beruhigen.

Angst ist ein ganz normales Gefühl. Ich darf Angst haben.

Ich bin meine beste Freundin. Ich denke und rede positiv mit mir selbst.

Ich bin ich.

Ich darf Fehler machen.

Trauer ist ein ganz normales Gefühl. Ich darf traurig sein und weinen.

Wenn ich Angst vor etwas habe und es trotzdem probiere, dann bin ich sehr mutig.

Freude ist ein tolles Gefühl. Ich versuche, so viele Dinge wie möglich zu machen, die mir Spaß machen.

Ich suche für Probleme eine Lösung.

Wenn ich traurig bin, versuche ich, die Situation in eine glückliche Situation zu verwandeln.

Wut ist ein ganz normales Gefühl. Ich darf wütend sein und kurz Dampf ablassen.

Ich erledige auch die Dinge mit einer positiven Einstellung, die mir nicht so viel Spaß machen.

Ich ändere die Dinge, die ich beeinflussen kann. Ich akzeptiere die Dinge, die ich nicht ändern kann.

Dein Stärken-Portemonnaie

Diese Schneidevorlage gehört zur Inhaltsseite 93.

Dein Stärken-Portemonnaie

Eine Schatzkiste voller Glücksgefühle

Wenn es mir einmal nicht gut geht, schaue ich mir die Zettel in meiner Schatzkiste an.

STOPP

Ich stelle mir bei negativen Gedanken ein STOPP-Schild vor. Dann formuliere ich sie in positive Gedanken um.

Lieber Wolf, böser Wolf

Ich füttere meinen lieben Wolf mit positiven Gedanken, damit er stärker wird als der böse Wolf.

Ich bin zufrieden mit dem, was ich habe. Ich bin stolz auf die Dinge, die ich gut kann.

Glücksbrille

Ich versuche alles durch meine Glücksbrille anzuschauen.

Zauber-Atem

Ich schließe die Augen, zähle bis 6 und puste mit meinem Zauber-Atem alle schlechten Gefühle und Gedanken weg.

Schatzkiste und Papierkorb

Ich fülle meine Schatzkiste mit positiven Gedanken. Negative Gedanken werfe ich sofort in den Papierkorb.

Ich weiß, dass meine Familie und Freunde mich lieben und aufmerksam sind.

Kopfkino

Ich lasse in meinem Kopf einen Kinofilm über mich im Glück laufen.

Ampel

Ich rede und handele erst, wenn meine Ampel auf Grün geschaltet ist.

Umformulieren

Ich erkenne negative Gedanken und formuliere sie in positive Gedanken um.

Ich weiß, wie ich aussehe und was ich kann. Ich bin gut so, wie ich bin.

Diese Schneidevorlage gehört zur Inhaltsseite 93.

Dein Stärken-Portemonnaie

Schildkröte

Wenn ich wütend bin, bewege ich mich und denke so langsam wie eine Schildkröte.

Duschen

Ich kann meine Angst unter der Gedanken-dusche abspülen.

Schneemann

Wenn ich Angst vor einer Person habe, dann stelle ich sie mir als Schneemann vor.

Glücksbonbon

Ich nehme heute einen Glücksbonbon und werde den ganzen Tag glücklich sein.

Gummikörper

Wenn ich wütend bin, dann versuche ich, so locker wie eine Gummi-puppe zu sein.

Wut-Ball

Ich kann meine Wut an meinem Wut-Ball auslassen.

Smileys

Wenn ich Angst vor mehreren Personen habe, dann stelle ich sie mir als Smileys vor.

Happy End

Ich stelle mir das Happy End von meinem Ziel mit allen Sinnen vor.

Mäuschen

Wenn ich sehr wütend bin, atme ich ruhig, zähle bis 10 und sage «Mäuschen».

Energie tanken durch Wut

Ich nutze die Wut, die in mir aufsteigt, als Extra-Energie.

Mein Mut-Stern

Wenn ich Angst habe, dann denke ich an die Dinge, die mir Mut machen.

Fauchen wie ein Tiger

Wenn ich merke, dass ich Angst habe, wecke ich den Tiger in mir.

Diese Schneidevorlage gehört zur Inhaltsseite 93.

Dein Stärken-Portemonnaie

Spiegelbild

Ich gebe mir jeden Tag vor dem Spiegel Komplimente.

Sonnenblume

Ich stelle mir vor, dass ich wie eine wunderschöne große Sonnenblume bin, die ihren Kopf immer zur Sonne streckt.

Bootsfahrt

Bei einer Bootsfahrt in Gedanken kann ich mich entspannen und werde ruhig.

Mein Lieblingsplatz

Wenn ich traurig bin, dann ziehe ich mich an meinen Lieblingsplatz zurück.

Meine Stärken-Hand

Wenn ich meine Hand betrachte, denke ich an meine größten Stärken.

Nasser Bär

Gefühle wie Neid und Eifersucht kann ich abschütteln wie ein nasser Bär das Wasser.

Luftballon

Ich kann traurige Gedanken auf einen Ballon schreiben und wegfliegen lassen.

Hängematte

Wenn ich traurig bin, kann ich in Gedanken in einer Hängematte an einem schönen Ort entspannen.

Superheldin

Wenn ich mich schäme, kann ich die Situation wie eine Superheldin bewältigen.

Meine Stärken

Wenn Neid und Eifersucht in mir aufsteigen, denke ich an meine Stärken.

Meine Lieblings-beschäftigung

Wenn ich traurig bin, stelle ich mir meine Lieblings-beschäftigung vor.

Impressum

Innere Stärke: Die Superkraft für Mädchen
Ein Arbeits- und Bastelbuch mit vielen praktischen Übungen
für Schule, Freizeit und Sport
ISBN 978-3-96416-085-0

Autorin
Nina Nittinger, Via Fullun 1E, 7500 St. Moritz, Schweiz
In Zusammenarbeit mit Ariane Weber, Naila & Nanine Saager

Projektleitung und Redaktion
Hendrik Schulze Kalthoff, Nadine Müller

Gestaltung
Nadine Müller

Layout, Satz und Bildbearbeitung
Nadine Müller, Janina Reuß

Illustrationen/Comics
Neuer Sportverlag

Herausgeber
Neuer Sportverlag, 71332 Waiblingen, Deutschland
www.neuersportverlag.de

1. Ausgabe